葉子
Leaves
Publishing

根　以讀者爲其根本

莖　用生活來做支撐

葉　引發思考或功用

果　獲取效益或趣味

我不幫別人養老公

作者 藍玫

紫薇 CRAPE·MYRTLE

我不幫別人養老公

作　　者：藍玫
出 版 者：葉子出版股份有限公司
發 行 人：宋宏智
企劃主編：萬麗慧
行銷企劃：汪君瑜
文字編輯：唐涵怡、董采華
內頁繪圖：陳美里
美術設計：蔣文欣
印　　務：許鈞棋
專案行銷：張曜鐘、林欣穎、吳惠娟
登 記 證：局版北市業字第677號
地　　址：台北市新生南路三段88號7樓之3
電　　話：(02)2366-0309　　　傳真：(02)2366-0310
讀者服務信箱：service@ycrc.com.tw
網　　址：http://www.ycrc.com.tw
郵撥帳號：19735365　　　戶名：葉忠賢
印　　刷：上海印刷廠股份有限公司
法律顧問：北辰著作權事務所　蕭雄淋律師
初版一刷：2005年2月　　　新台幣：220元
ISBN：986-7609-50-6
版權所有　翻印必究
國家圖書館出版品預行編目資料

我不幫別人養老公 / 藍玫著. --
初版. -- 臺北市：葉子, 2005[民94]
面：公分
ISBN 986-7609-50-6(平裝)

1. 戀愛
544.37　　　　　　　　93024610

總 經 銷：揚智文化事業股份有限公司
地　　址：台北市新生南路三段88號5樓之6
電　　話：(02)2366-0309
傳　　真：(02)2366-0310

※本書如有缺頁、破損、裝訂錯誤，請寄回更換

作者序

珍惜那個曾陪你走過一段的人

女人對現實常存有不切實際、羅曼蒂克的幻想，很多女人都曾將自己想像成在宮殿中等待王子到來的公主，雖然她們也知道在現實的生活中，王子並不一定會存在，但多少都會有點浪漫的想像。

因為浪漫的想像，所以不知不覺會加諸在自己挑選的對象上，要對方擁有自己喜歡的條件，喜歡男人的呵護、細心、專情，對一切有嚴格的把關，只要對方有一點不符合自己理想情人的標準，就將他淘汰出局。

很多女人都希望自己所愛、所嫁的人，就是自己理想的白馬王子，但童話在現實生活中常是不存在的。

現實裡白馬王子可能不愛乾淨，白馬王子可能只擁有一匹馬，白馬王子可能一口黃牙，白馬王子可能很胖，白馬王子或許滿口髒話，包括白馬王子騎的馬可能很老，白馬王子愛的人或許不是妳。在現實生活中，女人用浪漫的想像填補生命的空乏，也等待將她們自貧乏生活中拯救的浪漫。

女人對白馬王子的憧憬發生在少女時期。漸漸成熟，人會漸漸認清現實，知道白馬王子和想像的差距，於是長大，不會再想著拿著劍的王子會在自己有危難時出

7

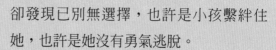

現在身旁。

　　每個人都在學習愛情、體驗愛情、經歷愛情、懂得愛情、錯過愛情、浪費愛情。

　　有些人拿的愛情學分分數較高，有些人則不然，一生可能都無法拿到畢業的愛情學分。

　　女人有身為女性的衿持、身為女性的難以啓齒、身為女性的不勇敢，所以在愛情的角色中，她們常扮演的是被動的角色。

　　女人常會發現驀然回首，自己所嫁的人很陌生，而自己一生最愛的人，也不是身旁的枕邊人。

　　這是件很嚴重的事，但再回首，她們卻發現已別無選擇，也許是小孩繫絆住她，也許是她沒有勇氣逃脫。

　　就像是電影麥迪遜之橋的女主角，面對著爲難抉擇，明知她自己也許會後悔，但仍不會放下一切，去追求幸福和眞愛。女人的顧忌，往往成爲她們胸口永遠的痛。

　　爲什麼妳選擇的不是自己想要的，而自己最想要的又錯過？

　　女人眞是矛盾的動物，總是挑呀！挑的，挑到最後又錯失。總是選呀！選的，又選不到最愛。總是夢呀！夢的，夢到總會失去。

　　妳曾注意到嗎？遠在天邊的星星固然耀眼絢爛，但近在身旁的花朵也應該珍

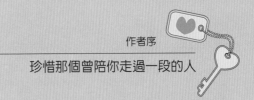

惜，以免有一天在妳身旁的花朵也不再是屬於妳的。

　　也許妳根本不在乎妳身旁的花朵，因為得到如此輕易，但遠方的星星，因為難得，距離產生美感，所以妳會誤解遠方的星星比較美。

　　遠方的星星和身旁的花朵都同樣值得珍惜，對妳好的人兒妳不珍惜，若有一天妳回頭，發覺後悔，只會空留遺憾。

　　有些人，一生只會遇見一回，有些機會，今生錯過就不再回。

　　妳懂得眞心待人，就不要輕易地傷害，妳所重視、或不重視的人，這是對感情的尊重。

　　在妳不懂得珍惜之前，或許妳已經傷害別人，有一天，當妳也受同樣的傷，或許妳就會明白，不小心讓一顆心碎裂之後，就算妳用一生光陰都永遠無法縫補。人有談愛情的權利，也要懂得尊重愛情規則。愛情沒有絕對的是與非，衡量的是妳心中的一把尺。

　　妳應該珍惜陪你走過一段路的人，不論妳曾經怨他、怪他、愛他、恨他，至少妳對他是有感覺的，也許這種感覺後來妳並不想要。

　　人生最大的幸福是妳懂得珍惜，而不是怨怪。個性會決定一個人幸不幸福。

　　妳現在幸不幸福？

　　改變從自己做起。

藍玫

我不幫別人養老公

目錄 CONTENTS

女人我最大

快樂女人修煉班
第一堂 ●●●●▶

男人會變心
女人別忠心
姊姊妹妹站起來
幸福別等男人給
倒追男人一把罩
害羞字典找不到
女人我最大
不幫別人養老公

我不幫別人養老公

快樂女人修煉班

犯過一次錯的女人，很怕會再犯第二次，
所以她們總是小心翼翼。

男：「為什麼我們出去都是我刷卡，妳消費。」

女：「這是你愛我的表現。」

男：「為什麼妳不幫我挑選衣服，讓我衣服品味和妳一樣好。」

女：「我怕別的女人看上你，你長的太帥，穿要穿的差一點。」

男：「為什麼家裡的家事都是我做、飯是我煮、地是我拖？而妳卻坐在那裡看女性雜誌。」

女：「我怕我的皮膚變黃、手變粗，你不喜歡。」

男：「為什麼我每天不管吹風下雨都當妳的司機，妳自己有車，為什麼不開？」

女：「路上車多，我怕你會擔心我的安全，這樣也會影響你的安全。」

男：「妳說的一切都是為了我，但是我發現妳不只交我一個男朋友，還有交其他的，妳覺得我還可以忍受妳多久？」

女：「不能忍受就走呀！我不幫別人養老公。」

愛情診斷室

「我不幫別人養老公」這句話是我的朋友，在和她的男朋友分手後所說的。

女人在感情的世界中，多情的女人容易受傷，濫情的女人，容易失去真正的愛情，無情的女人卻總是在等待愛情。

女人總是會對那個讓她受傷特別重的男人難以忘懷，而無法打開心胸去接受下一個男人對她的好，她會猜忌，甚至對自己的付出也會特別在意，但愈是會讓女人受傷的男人，卻愈是有本錢談感情。

犯過一次錯的女人，很怕會再犯第二次，所以她們總是小心翼翼。

女人有時會採養魚策略，多養幾隻魚，以防一隻跑了，魚缸內還有其他隻魚。

說出「我不幫別人養老公」這句話的朋友，她對她的男朋友非常好，在日常生活上為他打點一切，包括洗他的襪子，為他煮飯，為他買衣服，甚至拿錢給他花，但他和他的舊情人舊情復燃，離開了她。

他留給她的是傷痛，也是帳單，而「我不幫別人養老公」也成了她的

至理名言。

從此當她遇見別的男人，她不再去服侍他，也不再委屈自己樣樣幫他顧全，她要愛懂得愛她的男人，所以願意為她洗衣煮飯的男人成了她考量的目標。

只是她有時又會嫌洗衣煮飯的男人沒骨氣，不像男人。

矛盾嗎？

她寧可不幫別人養老公，甚於自己又養了一個背叛自己的情人。

有些女人，就算多遭遇幾個濫情人也學不會這至理名言「我不幫別人養老公」，因為她們喜歡照顧男人，喜歡男人對她們的依賴。她們深怕男人離開她們之後，就無法生活下去。

因為對方的需要，而自己變的重要，殊不知這種需要是有可能被取代的。

無法取代的，並不是來自妳為對方做多少事，而是對方有多在乎妳為他所做的一切。

如果他並不需要，那妳也只是多此一舉。

《冷語錄》幫別人養老公，比懷別人老公的小孩還糟糕。幫別人養老婆，曾經睡過並不代表永遠擁有。

我覺得嫁給你一點保障都沒有

快樂女人修煉班

如果女人不願花時間等候一個男人，
也許是因為那個男人沒那個條件。

女：「我覺得嫁給你一點保障都沒有。」

男：「妳怎麼會這樣認為？」

女：「因為你沒汽車、沒房子，嫁給你我會過辛苦的日子。」

男：「妳等我，給我五年的時間。」

女：「如果五年後你還是什麼都沒有，那我不就白白浪費五年的光陰。」

男：「我保證我會給妳過幸福的生活。」

女：「女人的青春是有限的。」

男：「不論妳變的多老，我還是會愛妳。」

女：「你沒弄清楚重點。」

愛情診斷室

女人的青春不可虛擲，所以青春永遠對她們有一種急迫性，為了等候一個人她們可以花五年的光陰，為了喜歡一個人，可以改變自己，如果要問值不值得，也許她們無法回答，因為在那樣的情境下，她們就是那樣的傻。

很多事可以用邏輯分析思考，很多事卻又無法，曾經以為的，到最後可能又不是那麼一回事，那麼究竟是

誰欺騙了誰？

如果女人不願花時間等候一個男人，也許因為那個男人沒那個條件。

算得精明的女人，卻常被男人所騙，不止是時間，還包括心。

女人的青春有限，不應該浪費在不可能會愛自己的人身上，但女人偏又愛做傻事，懷著有老婆的人的小孩。

已故女星徐楓就是一個例子，因

為愛，她走上極端。值得嗎？

　　看到她的親人、朋友為她傷心落淚那情景，也許會發現最值得自己付出的並不一定是情人，有時是親人。

　　女人善於等待、容易愛上不回家的人，但千萬不要讓自己風化，成了沒感覺的人。

　　也許到最後，妳會發現自己太傻，但逝去的永遠無法追回。

《冷語錄》人有時花幾個月的時間也無法瞭解一個人，花幾年的時間還是不瞭解，到最後要分手時卻突然瞭解了。

從戀人變朋友

快樂女人修煉班

在感情的世界中，要一個願打一個願挨，
但在有隱瞞的情況下，大家都不會願打願挨的。

女：「為什麼我們一定要分手？我們曾是最好的戀人？」

男：「我覺得我們更適合當朋友。」

女：「我們曾經不只是朋友。」

男：「很多事不可能回到當初，變了就變了。」

女：「我就知道在我們之間有第三者是不是？」

男：「如果真要算起來，她不是第三者，妳才是，我是先認識她，再認識妳的。」

女：「你怎麼那麼差勁，腳踏兩條船。」

男：「也許妳現在會很傷心，但以後妳會感謝我的。」

女：「感謝你這個大爛人。」

男：「我希望我們還會是朋友。」

女：「先把前不久我送給你點睛品的金項鍊還給我。」

愛情診斷室

男人喜歡藕斷絲連，如果他還未真正的跟女友分手，而這時妳又闖入，當心妳陷入複雜的三角情境中。

每個人都有選擇喜歡的權利，每個人也該告知對方真實情況，但現實中卻不常如此。

有人和有婦之夫交往，最後才發覺，他是個有婦之夫，因為他一直沒告訴她已婚的身分。

有人追求已有男朋友的女生，但女生沒說，所以他也不知道，直到某一天透過友人口中才發現。

有人已經有未婚妻，卻還四處留情，而不告知別人他的感情狀況。

某些意義象徵著他是死會，妳沒希望，所以有沒有男女朋友？結婚了嗎？都代表一定涵意。

但在感情的世界中，要一個願打一個願挨，在有隱瞞的情況下，大家都不會願打願挨的。

分手時，妳可以拿回送給對方的紀念品，當愛已遠逝，舊有的紀念品也無意義，索回，或許還可以留著下一個人用，創造新意義。

不過喜歡將送給對方的東西討回的人，常讓人覺得小氣。

如果妳已經不在乎自己在對方心中的形象，就將自己當初昂貴的付出索回。

只是最珍貴的是再也索不回當初珍貴為愛付出的心。

當夢已遠、當愛已逝，曾有的意義都只成記憶。愛的紀念品再昂貴，也抵不過真心。

《冷語錄》妳愛上風流男人，卻又痛恨他的風流，而這總比妳愛上下流男人好。愛上風流又下流的男人，妳只能怪自己的眼光。

想要同居不行嗎

快樂女人修煉班

成熟的男人懂得他要什麼，
不成熟的男人懂得他的父母要什麼？

女：「可以同居嗎？我想要跟你住在一起。」

男：「可是我都跟父母一起住。」

女：「你不能搬出來嗎？我想和你住在一起。」

男：「我的父母……可能不會同意我搬出來。」

女：「為什麼你每件事都要徵得父母的同意？」

男：「我孝順，妳當初不就是因為這個原因才和我在一起的嗎？」

女：「我不曉得你樣樣都聽他們的，在你的心裡，我排第幾位？」

男：「第二。」

女：「你回家去跟你的父母睡吧！我們分手。」

愛情診斷室

女人都喜歡成熟的男人，而不是一直依偎在父母的羽翼下成長的男孩。

她要的是能夠依賴的情人，而不是一個樣樣事情都依賴父母的情人。

一個時時刻刻都將父母的話奉為圭臬的人，會不會因為父母不喜歡妳，因此反對妳們在一起，最後他會選擇當個孝順的兒子，還是當個愛妳的好情人？

成熟的男人懂得他要什麼，不成熟的男人懂得他的父母要什麼？

和不成熟的人談戀愛很辛苦，因為他在心智上還是父母的孩子。

兩個相愛的人同住在一個屋簷下，可以讓心靈更加的貼近對方，也明白自己和對方的差異，有衝突就有溝通。

但是同居通常也是破壞彼此關係的第一步，因為在對方眼中，自己將

原形畢露。妳平常想掩藏的也會無所遁藏！

　　妳若認為自己在生活上很有規矩、秩序、整齊，所以不擔心和妳的情人居住一起，雖然妳是完美的，但也要顧及到其他。

　　不是每個人都像妳在生活上一樣有秩序愛整齊，妳的情人也許是個不愛乾淨的人，和他同居也許破壞妳對他的想像。

保持距離更加的有美感。

　　和人同居有同居的禮貌要遵守，如果妳沒有把握遵守，就不要輕易和人同居。

　　想想，一早醒來，妳的面容會無修飾的出現在對方面前，如果妳確定不會嚇著他，那就和他同居吧！

《冷語錄》男女同居不代表墮落，代表的是信諾，願意分享。

你們在床上聊什麼

快樂女人修煉班

為保有一份愛情，女人常要讓自己的眼睛瞎了、耳朵聾了，
但即使如此她們還是有可能失去愛情。

女：「你和她在房間幹嘛？」

男：「我只是和她聊天。」

女：「你們在床上聊什麼？」

男：「妳在懷疑什麼？」

女：「你們孤男寡女在同一個房間，我還能懷疑什麼？」

男：「為什麼妳要無理取鬧，我和她又沒有什麼？」

女：「這麼說我也可以去找一個男人，一起和我在床上聊天囉？」

男：「不行!」

愛情診斷室

雙重標準！

男人可以做的事，女人不一定可以做。男人可以做的事，有時還會限制女人不要去做。

男人在床上聊天聊什麼？聊愛聊的事，做愛做的事，女人通常只會相信後者。

為什麼？很簡單，沒事幹嘛跑到床上去。

在這世界上，男人和女人單獨的在房內，而且還在床上，只能被解讀成單一方向，這也算世界共通的語言。

男人和女人有時還真是蠻不公平的，如果妳想改善這種不平等的關係，就要找一個願意尊重妳的男人，不要找自大的沙文豬，這樣溝通會很累。

當妳的男人對妳說他只是和別的女人在床上純聊天，他們之間沒有什

麼時，妳要相信嗎？

　有些女人還是願意相信的，因為她們信任對方，不信任自己的心。

　當然更大的理由是：她們不想要失去原有的愛情。

　為保有一份愛情，女人常要讓自己的眼睛瞎了、耳朵聾了，但即使如此她們還是有可能失去愛情。

　有時當妳的男人掉頭離去，是不會再回頭的。

　妳奢望著想要他回來，但就算他回來了，心可能也不會再屬於妳。

　一份變調的愛情，要再找回原味，太難了。

《冷語錄》妳向不可能給妳公平的人要求公平，是做白日夢。

妳是什麼時候愛上我的

快樂女人修煉班

有些事現在不懂，以後懂了也來不及。
所以懂得自己、懂得愛人是生命中重要的課題。

男：「妳是什麼時候愛上我的？」

女：「從你到我教室門口送便當的那一天起。」

男：「這不公平，我第一眼就愛上妳了。」

女：「真的嗎？我以為你一直沒有注意到我。」

男：「我只是不想嚇到妳。」

女：「是嗎？那我讓你追得很辛苦囉！」

男：「很辛苦、非常辛苦，我每一天都不肯定妳是否愛上我，直到我發現妳愈來愈在意我的存在，常在教室門口看我出現。」

女：「被你發現了，我還以為我偽裝的很好。」

愛情診斷室

什麼時候發現自己愛上一個人？從妳開始在意他存在的那時起，妳開始注意他的喜好，因為他，妳覺得自己的生活有了重心。

很多人在愛上一個人之後，並不清楚自己愛上了，直到有一天發覺自己可能失去對方。他要跟別人結婚，或是他生重病，這才赫然發現自己心中的愛戀，但那時常常來不及了。

歸咎錯過的原因，竟是因為自己不曉得什麼時候愛上對方！

很多愛都是一點一滴慢慢累積而成的，妳應該有察覺，只是不想發覺，為什麼？

也許是因為妳不想被拒絕，因為對方無意於妳，也許是因為妳認為當朋友比當情人好，也許是因為妳怕破壞目前的關係，但不論如何妳都應該對自己誠實，不要騙自己。對一個人的感覺變了就是變了，不會再回復到

原來狀態。

分不清友誼、愛情的人，要好好問清楚自己內心的感受，因為沒有人可以幫妳界定妳們之間的關係。

有些人可以當一輩子的朋友，卻當不成情人；有些人可以當一輩子的情人，卻當不成朋友。

有些事現在不懂，以後懂了也來不及。所以懂得自己、懂得愛人是生命中重要的課題。

在愛與被愛之間，妳發覺妳所經歷的一切嗎？

《冷語錄》什麼時候愛上一個人、什麼時候想要分手，有時速度一樣快。

我不想在你面前哭

快樂女人修煉班

其實我並不堅強，如果我肯願意在他面前釋放一次我的脆弱，
也許我們就會在一起。

男：「如果時光倒流，也許那時我會愛上妳。」

女：「時光不可能倒流，所以你也不可能愛上我，是不是？」

男：「我們還是朋友。」

女：「我不願我們只是朋友。」

男：「我只當妳是我的朋友，妳知道我已經有女朋友了，我不想對不起她。如果
　　她知道我們這件事，會傷心、流淚。」

女：「你就不在乎我傷心、淚流？」

男：「我以為妳很堅強。」

女：「你以為我很堅強，其實我只是不想在你面前哭。」

愛情診斷室

哭是脆弱的，哭也是堅強的，因為要在自己喜歡的人面前哭，也是需要勇氣。

人常喜歡隱藏感情。喜歡一個人時為什麼需要隱藏？因為妳知道對方可能不喜歡妳，所以妳只能偷偷地將那份感情藏在心中。

這世間感情執著的人愈來愈少，現在流行速食愛情，但是我卻曾經在大學四年執著的喜歡上同一個男孩，也許速食愛情不適合我。

當時我並沒有對他告白，雖然我們之間存在著淡淡的曖昧情愫，但就這樣畢業了，然後失去音訊，在重逢時，也只能淡淡地問了一句：「你好嗎？」。

歲月帶走曾有熟悉的感覺，留下的是淡淡地遺憾。

能大聲說出「我愛你」的人也許有，但並不是我。

我一直在想，那句「我喜歡你」、「我愛你」有這麼難啓齒嗎？對別人不會，但對我會，因爲我愛自己，因爲別人以爲我很堅強。

其實我並不堅強，如果我肯願意在他面前釋放一次我的脆弱，也許我們就會在一起。

但是我並沒有，因爲我無法說出那三個字。

看再多談論感情的書也無法教會我愛

情，只讓我多一點傷心難過，因爲我明白我錯過什麼。

很多事錯過了就不再回，在自己喜歡的人面前，不要僞裝堅強。

時光不會再回來一次，那種悸動的感覺也不會回來了。

> 《冷語錄》告訴我，我要的是什麼？我不想在你面前哭，爲何我還是淚流滿面？

你應該珍惜我

在愛情中，唯一的公平是，人人有選擇愛情的自由，
妳有選擇愛人的權利，他人也有選擇不愛的自由。

女：「你應該珍惜對你好的人，不是嗎？」

男：「我也想珍惜，可是不管我怎麼努力，我還是沒辦法讓自己喜歡上妳。」

女：「我有哪一點不好，讓你討厭了？」

男：「妳什麼都好，或許太好了，妳讓我覺得自己配不上妳。」

女：「為什麼你拒絕我的藉口，還是讓我的心這麼的痛？」

男：「請妳去尋找那個會珍惜妳對他好的人，很遺憾，我並不是那個人。」

女：「你並不是真心遺憾是不是？」

男：「妳對我可有可無的，但對別人妳或許就是他等待一生的人。」

女：「如果你知道說這句話，會讓一個人那麼難過，那你還會說出來嗎？」

男：「我並不知道我這樣說會使妳感到受傷。」

女：「因為你從來沒有在乎過我。」

愛情診斷室

在愛情中,唯一的公平是,人人有選擇愛情的自由,妳有選擇愛人的權利,他人也有選擇不愛的自由。

妳的遺憾,在他人來說或許是了無憾恨,所以何必選擇一扇不會開的窗,選擇一個只是白白空等待的人,不愛就是不愛,有時或許沒有理由、沒有原因、沒有藉口。

怪對方不珍惜自己,應該先怪自己不珍惜自己,何必對不可能的愛情付出太大的心力,或許在這樣的過程中,滿足了自己的心理,但是很苦。

讓自己受苦的,常常是自己執著的心。

付出再多,對方仍無回應,妳不累,對方看了也許會累。

將對方逼的太緊，他還是不會愛
上妳，因為他喜歡的不是妳這一型，
妳也很清楚妳們不可能有未來，就不
要白費力氣。

有些人一輩子都不會珍惜妳，所
以何必讓自己做白日夢。

《冷語錄》妳不愛自己，別人無法愛妳；妳不心
疼自己，別人再多的心疼都無用。先愛自己，才
有資格去愛別人。

妳不給我，就是不愛我

快樂女人修煉班

性有時是一種快感，來的快去的快。
愛一個人，不是只做愛，還要談情說愛，還要用心感受愛。

男：「我們認識也好長一段時間了，我想、我想……」

女：「你想怎樣？」

男：「我想附近有一間HOTEL不錯，或許……」

女：「休想！免談！」

男：「妳不給我，就是不愛我。」

女：「我給你，你才是不愛我，因為你將那一件事，看的比我們之間的愛還要重要。」

男：「我只是想讓我們的感情有更進一步的發展。」

女：「更進一步的發展，就是你要懂得尊重我。」

男：「我想在床上尊重妳不行嗎？」

女：「你說出你的真心話，而我的答案是不行。」

男：「妳不給我，就是不愛我。」

女：「是，我是不想給，因為我還沒愛到那種感覺。」

愛情診斷室

性在現今的社會愈來愈不避諱，許多情侶談感情談到一定的程度後，就自然而然發展到床上的另一段關係。

什麼時候該發生？什麼場合該發生？跟什麼人發生？有時會很令人傷腦筋，但是前提都有一個，要尊重自己，尊重他人。

性是一件美好的事，甚至可能是感情的催化劑，但若沒有謹慎的處理，性有時反倒成為感情的殺手。

性不是感情的終點，只是一個過程，大家不必過分強調它在感情中扮演的角色，雖然它真的很重要。

愛情是因為有愛才美，並不是因為性。性只是一部分，當然運用妥當愛情會更美。

讀者曾問我，男朋友要求，如果我不和他發生關係，他就要離開我，我不想失去對方，又不想和他到那個

程度，好為難。

　　我只能說，對方沒有站在妳的角度想，要妳在他和性之間選一個，公平嗎？而且他想要的是性還是妳？只想要性、或是將性看的比妳重的男人，值得妳愛嗎？

　　很不幸的，我知道有些女人會回答我：值得。

　　所以有些女人就在非自願，卻帶著愛的脅迫下，和對方發生關係了。

　　愛是一種允諾，想要給對方幸福的允諾，妳覺得當妳們發生關係後，會更幸福嗎？

　　性有時是一種快感，來的快去的快。愛一個人，不是只做愛，還要談情說愛，還要用心感受愛。

　　真心愛一個人時，是不會想要對方感到勉強的。

《冷語錄》 不想給，有時是因為你不夠格。

情人老實說

我的情人

對其他女人老實

對我不老實

對其他女人大方

對我小氣

對其他女人一夜七次郎

對我一夜七下郎

我想fire掉你

換個會對我老實的情人

你卻發誓說

以後只會對我一個人老實

我該信嗎

有一件事我要告訴你

快樂女人修煉班

如果妳在不對的時候，
沒有愛對人，也不要覺得遺憾。

女：「我認識你很久了，有一件事⋯⋯你可能不知道？」

男：「什麼事？」

女：「我⋯⋯喜⋯⋯歡⋯⋯你⋯⋯」

男：「我早就知道了。」

女：「為什麼你裝作不知道？」

男：「因為我們是朋友，我不想日後場合難堪。」

女：「你知不知道你這樣做，我更難堪？」

男：「不會有任何人知道妳對我告白，這件事我不會對別人說。」

女：「可是這件事我的死黨都知道，她們認為你沈默的接受我對你的好，就是代表你對我也有好感。」

男：「我只當妳是朋友，並沒有其他意思。」

女：「我並不只想當你的朋友。」

愛情診斷室

當一個女人喜歡上一個男人，男人通常會知道，除非他對她無意，當然也有可能有些男人比較笨，或是不解風情。

如果妳已經給對方許多暗示，對方還裝傻、裝笨，那麼勸妳就別再繼續花太多注意力在他的身上。

男人是不是笨到聽不懂妳的暗示，這是可以商議的，不要自以為是的將對方的沈默，解讀成他對妳也有好感。

通常男人對他喜歡的女人，不會太被動。

想主動追求自己心儀男人的女人，最好在行動前三思而後行。

大膽暗示，小心假設。不要幻想的太過美好，最後受傷的倒是自己。

我有個朋友，曾暗示一個男孩，她喜歡他，但男孩一直都沒有給她肯定的答覆，這樣曖昧不明的情境持續幾個月後，女孩對她的朋友說，他喜歡她。

這引起軒然大波，因為男孩的意思是他不喜歡她，也不喜歡她這麼做。

這件事誰錯誰對，沒人能評量，

只是男孩若真無意，為什麼不在女孩暗示時就表示，為什麼要等到情況很尷尬時再將事情說明？

因為我們都沒被教導愛情！

從小到大我們偷偷地看情書，偷偷地討論哪一個女生喜歡哪一個男生，偷偷地暗戀，偷偷地發現自己成了被喜歡的對象，因為透過朋友才知道這件事。

為什麼愛要偷偷摸摸？愛並不是件可恥的事，喜歡一個人是美好的。

但是錯在我們愛人、對待人的方式不對。

我們都被訓練成將自己放在第一位，都沒被訓練如何適當表達自己的感情，中國是一個內斂、害羞的民族，所以悲劇的愛情故事總是多。

如果妳在不對的時候，沒有愛對人，也不要覺得遺憾。

因為我們都在學，學著一門名為「愛情」的功課。

> 《冷語錄》被男人拒絕的女人並不可恥，可恥的是男人將這件事到處宣揚。被女人拒絕的男人並不可恥，可恥的是女人拿這件事當作玩笑開。

該是攤牌的時候了

快樂女人修煉班

如何挑對優質男人，
多注意他在妳看不見時的表現吧！

男：「我追妳追很久，該是攤牌的時候了。」

女：「你想怎樣。」

男：「我要妳當我的女朋友。」

女：「很抱歉，我想我們只能當朋友。」

男：「為什麼？我還以為妳對我也有意思，每次我約妳，妳都出來。」

女：「我只是吃飯的時候，不想要一個人，有的時候想逃避寂寞，想要有個人一起看電影。」

男：「妳利用我。」

女：「我給你機會，可惜還是沒感覺。感情的事還是不能勉強，我不認為我利用過你。」

男：「好，當初我們出去都是我付帳，現在算清楚。」

愛情診斷室

男人會很大方，在他追求妳的時候，一個不夠大方的男人，是很難追到令他心儀的對象。

愛情不能斤斤計較，計算誰付出的比較多。但通常在分手的那一刻，一定會有人算的特別清楚。因為不可能了，所以特別坦白，坦白的在妳面前本性流露，坦白的想要將自己曾付出的索回。

要看男人的真面目，要挑時機，手段好一點的男人，不會讓妳摸清他的底牌。

男人會讓妳看見，他想讓妳看見的，至於看不見的或許比看見的更精彩，或許一點也不精彩。

如何挑對優質男人，多注意他在妳看不見時的表現吧！

妳看不見時，男人或許掏錢掏得緩慢；妳看不見時，男人背地抱怨；妳看不見時，男人說出內心實話。

因為妳看不見，所以他本性畢露，而妳或許仍然不知道他這一面。

當妳對一個男人沒有意思，不要讓他為妳付帳，或是額外要求他多餘的事物，妳讓男人期待，卻又無法同等回饋，到頭來辛苦的是自己。

男人絕不會甘心被當成利用的工具，就算妳利用他，也要學會不大聲嚷嚷，因為這是種禮貌。

人與人尊重彼此的禮貌。

男人不會心甘情願被利用的，除非他對妳有意思。

《冷語錄》醜的很有安全感的男人，女人不想要。帥的很不安全的男人，女人又搶著要。

我對妳感覺不再

快樂女人修煉班

男人是用雙眼談戀愛，而女人是用耳朵，
女人想要聽見對方動聽的話語，所以願意花時間裝扮自己，而男人則用雙眼流露讚賞。

女：「在外表，我們是天造地設的一對，是什麼理由，造成我們一定要分手？」

男：「沒有理由，只是我對妳沒有感覺了。」

女：「如果我們能回到從前，那該多好，那時光是多麼的甜蜜，我們一起數星星，一起共撐一把傘，走在飄著小雨的街道，一起到海邊撿貝殼，你還曾經在我房門外對我唱了整晚的歌。」

男：「我並不會這麼想。」

女：「以後在路上相遇，我要當你是陌生人嗎？」

男：「如果有其他女孩在我的身旁，妳最好當做不認識我，我不想引起她的誤會。」

女：「可惡！但願我從沒認識過你，你這個爛男人。」

男：「妳認識我不是兩三天，妳只關心我外在的品味，從不在乎我的內在。」

愛情診斷室

愛情的開始，可以因為是瞭解，也可以是莫名其妙，因為陷入熱戀中的男女，是很盲目的。

在熱戀時，對方的缺點，都可能被美化，這是造成日後遇人不淑的原因。

女人和男人在彼此的面前還會偽裝，代表彼此還非常在意對方，想在對方面前展露自己最好的一面。

男人是用雙眼談戀愛，而女人是用耳朵，女人想要聽見對方動聽的話語，所以願意花時間裝扮自己，而男人則用雙眼流露讚賞。

這樣的愛算膚淺嗎？

愛一開始不會馬上深入到內在，會先由外在開始。由外表的相互吸引，到進一步的心靈探索。

其實，真正長長久久的戀情，都必定會由外在到內在，因為美麗的誤會而在一起，因為徹底瞭解而分開。有一句話，相愛容易相處難。

戀人不是掛在牆上美麗的裝飾壁畫，而是要花時間耐人回味的欣賞，一幅不耐欣賞虛空的畫，很快就不會再耐看。

用心瞭解彼此契合的不只是外

貌，還有內在的靈魂。

　　如果妳愛上一個人，只愛他的外貌，這不是他膚淺，而是妳膚淺。

　　妳懂得欣賞一個人嗎？

　　女人在乎的除了身高高、薪水高、學歷高，還要在乎他是不是個有內涵、深度的人。

　　如果妳們一點都不相契，不論他是多優秀的人，妳們都不相配。

　　徐志摩也在茫茫人海中尋找一世的伴侶，偉大的詩人都不一定可以尋找到，更遑論我們這群凡塵中人了。

　　妳可以抱草包過一生，妳也可以細細品味一幅畫過一生，端看妳的選擇。

　　世間沒有十全十美的人，妳的選擇也不可能十全十美，而選錯了有時不是對方的問題，而是妳自己的問題。

　　妳沒有趁早認清一個人，最後受傷一定是自己。

《冷語錄》男人怪女人不重視他的內在品味之前，有沒有反省自己有何內在品味值得女人欣賞？女人想要剝光一個男人，不要只注意他的內褲，還要注意他的腦袋。

因爲你不夠壞

快樂女人修煉班

愛偷男人心的女人，不只愛偷你的，
也愛偷其他男人的。

女：「我發覺我愈來愈不想跟你在一起了。」

男：「為什麼？」

女：「因為你不夠壞！當初跟你在一起，是因為我以為你是個好男人，因為你夠
　　乖，但我發覺情人要壞一點，老公才要乖，我發覺我還想玩，不想選一個老
　　公情人。」

男：「我可以改，看妳想要我怎麼耍壞。」

女：「來不及了。」

男：「難道……」

女：「我遇見了一個百分之百的壞男人，他很吸引我。」

男：「為什麼妳這麼快就變心？」

女：「因為我的心很快就被偷走。」

男：「妳怎麼這麼花心？」

女：「你不是說當初這也是我吸引你的一個原因，因為我經驗豐富。」

愛情診斷室

有一句話：男人不壞，女人不愛。而現在同樣的也有女人不壞男人不愛的說法。

這年頭愛耍壞的女人愈來愈多，但要看男人自己有沒有本事去愛。

愛偷男人心的女人，不只愛偷你的，也愛偷其他男人的，如果你夠本事，儘管去玩愛情遊戲。但如果你不夠，可別丟了心又恨她的愛使壞。

很多男人愛上壞女人，都會自以為是的認為，她會為自己改變的，自己會是她最後一個男人？！

這是不一定的，壞女人洗心革面，小說出現的比現實多。不要懷抱不切實際的幻想，現實是殘酷的。

容易被壞女人吸引的男人，先秤自己的份量。你能夠讓她的心停佇在你的身上多久？

男人要看有沒有本事才去追，如果知道只是露水姻緣，那就也無須強求，反正最終總會散。

這年代不是只有男人能甩女人，女人也可以甩男人。

有些男人不懂得女人的壞，卻又偏愛招惹，壞女人天生有一種魅力，吸引男人想淺嚐，卻不一定能輒止。

當壞男人遇上壞女人，一定是情逢敵手，但當壞女人遇上好男人，好男人常不得善終，卻又會埋怨壞女人的不是。

你明知愛上的是什麼人，也明知會有什麼樣的結局，就不要埋怨，因為這是自己選的。

《冷語錄》想愛花心的壞女人，先評估自己的心臟夠不夠強。

因爲妳不夠壞

快樂女人修煉班

壞不只是男人的專利，
也是女人的權利。

女：「我……我要跟你分手。」

男：「因為第三者的緣故嗎？」

女：「是的。」

男：「其實有一件事……有一件事其實我隱瞞妳很久了。」

女：「你有什麼事隱瞞著我。」

男：「我早就變心了，因為妳不夠壞。」

女：「她是誰？」

男：「我們公司的美麗壞女人，她是老闆的女兒。」

女：「為什麼你不早說……」

男：「她說她不介意，妳不是她的對手。」

女：「我們五年的感情，你留給我這一句話。」

愛情診斷室

壞不只是男人的專利，也是女人的權利。

條件愈好的女人，愈有耍壞的本事，這裡所指的條件，並不單指是外貌，女人的背景、能力、權力、個性……都可以成為她的條件之一。

有些男人喜歡會讓自己減少奮鬥三十年努力的女人，而不管自己的身分地位比對方差一截；有些男人喜歡美麗的女人帶得出檯面，而不管她可能是個花蝴蝶；有些男人喜歡性格嫻熟，在家相夫教子的女人。男人喜歡女人的類型都不一，女人透過後天的努力，都可以有長處來讓男人喜歡的，不過先覺條件是女人必須先愛自己。

不要因為自己的男人喜歡瘦女人，就拼命減肥，減到進醫院，即使達到目標，可能也失去健康。

如果男人愛的只是妳身上附屬的金錢，而不是妳自己本身，當心有一天財富沒了，他就會變心。

是女人也會嫉妒美麗壞女人，深怕她會搶走自己身旁的男人，或是自己的男友將目光留在她的身上。

其實在這年頭，男人和女人都同樣有變心的權利，妳不讓自己變的更好，有一天他會到達妳看不到的位置，當初妳們彼此吸引的條件或許也都會沒了。

不是美麗才有耍壞的權利，雖然妳不美，但透過後天的努力，女人當自強，培養自己的內在條件，妳也有條件耍壞的。

如果妳們的感情禁得起考驗，就不用怕喜歡耍壞的美麗壞女人。

男人有時真的變心變得很突然，愛人是一瞬間，背叛也是一瞬間，反正這是個說變就變的社會，愛情是沒有道理可言的。

《冷語錄》男人喜歡玩火，愈危險愈有致命的吸引力。

熱戀的感覺消失了

快樂女人修煉班

要抓住男人的心，
先抓住他的眼睛。

女：「我覺得我們之間愈來愈沒有戀愛的感覺了。」

男：「感覺又不能當飯吃。」

女：「還記得一開始我們交往你對我好浪漫。」

男：「不需要吧？」

女：「是不是因為我是你的人了，你就認為不需要？」

男：「浪漫是需要花錢的，我們在家看電視不也很好。」

女：「當時你追我的時候，不會說這樣的話，你還曾送我，九百九十朵玫瑰。」

男：「別提了！為了那一束花，花了我三個月的薪水，情人節的玫瑰花太貴了，
真該有人向消基會申訴，沒什麼事，幹嘛一朵玫瑰花等於吃一客牛排的錢。」

女：「那我的浪漫不見了，要向誰申訴？」

男：「那些只是外在形式，不重要。」

女：「可是我認為重要呀！」

愛情診斷室

　　愛情需要一點點靈感，因為生活要有樂趣，也許平凡就是福，但太平淡的愛情，容易被外患侵入，要小心防患，就要多花一些心思。

　　熱戀的時候，是雙方最肯花心思的時候，對每一次的約會充滿期待，雙方也都維持美好的形象，漸漸地認識得愈深，就不需要再偽裝，就愈不需要花心思，要讓對方感到受重視，就先從維持熱戀的感覺做起，雖然很

累，但是愛需要空間，也需要維持感覺。

　　女人變成黃臉婆，男人可能會大呼上當；男人露出啤酒肚，女人可能會受不了，彼此互欺，是讓愛情、婚

姻維繫下去的動力。當妳開始懶得這
麼做的時候，也許就是彼此漸漸地沒
有了感覺，當愛情變成一種習慣，婚
姻變成一種惰性，什麼天長地久的神
話都是很容易被打破的！

　　愛情需要一點點靈感，需要永久
的秘方，秘方是——要抓住男人的
心，先抓住他的眼睛。

《冷語錄》愛情有時是男女互相欺騙對方的眼睛，將對方看的
太透澈，會失去美感，某些部分還是睜一隻眼、閉一隻眼。

為什麼你要吻我

快樂女人修煉班

我反問他：「你昨晚有做避孕措施嗎？」
他回答說：「沒有，那沒快感。」

女：「我們之間不算男女朋友嗎？」

男：「不算！」

女：「那為什麼你要吻我？」

男：「那只是一個友誼之吻不算什麼？」

女：「我以為你是認真的。」

男：「是妳會錯意了。」

女：「你帶我回你家，並且還吻了我，你卻說我只是會錯意。」

男：「我上次帶女人回家，而且還和我上床，我也沒承認她是我的女朋友。」

愛情診斷室

我的朋友帶了一個女孩子回家，並且過了夜，該發生的都發生了。

隔天女孩子問他，昨晚代表什麼意思，朋友說：「什麼意思都沒有。」

女孩說她以為他會娶她。

這誤會大了，兩人做了共同一件事，卻認知有差距。

男人抱著玩玩地心態是不應該，特別是性，因為女人有時會看的很重，並且代表他們之間不尋常的關係。

　　有些人可以一夜情，有些人不行，如果你明知對方將這件事看的很重，而你還抱著玩玩地態度，就是你對感情不負責任的表現。

　　我的朋友對我說：「那女孩怎麼會以為我會娶她？」

　　我反問他：「你昨晚有做避孕措施嗎？」

　　他回答說：「沒有，那沒快感。」

> 《冷語錄》男人能將性與愛分清楚，因為他們的下半身比上半身還衝動。衝動之後卻常要收拾快感的苦果。

我不想輸

快樂女人修煉班

愛情不是賽跑，只不過人人也都想拿第一，
選個優質的情人，談一場屬於自己第一名的愛情。

女：「我輸了，我失敗了，錯就在我不該比你早愛上你。」

男：「我一點都沒有贏的感覺。」

女：「你是勝利者當然會這麼說。」

男：「妳沒有愛上我，妳只是不能接受自己被我拒絕。」

女：「你不是我，你怎麼知道我有沒有愛上你？」

男：「妳愛上我什麼？」

女：「我……」

男：「找一個妳會愛上的人喜歡。」

女：「我就是只喜歡你。」

男：「妳的執迷不悟，對我是一種騷擾。」

愛情診斷室

愛情有輸贏嗎？

在賽跑時每人都想拿第一，但有些人跑得快，有些人跑得慢，所以抵達終點的時間都不一樣，如果在路中間發現自己無法得名，就放棄，那麼她永遠超越不了自己。

愛情不是賽跑，只不過人人也都想拿第一，挑選個優質的情人，談一場屬於自己第一名的愛情。

感情有勝負嗎？當妳這麼想時，妳將對方放在何種位置，對方是希望妳用輸贏的觀念來看待妳們的情感嗎？感情不是單向道，而是雙向，愛情應該沒有輸贏，只有抵達終點的快慢，這和輸贏的概念是不同的，因為愛的過程中，並不是競爭。真誠付出的人，不會計較輸贏，也不會想到輸贏。

小學唸書父母要求第一名，在各種的表現上，都要求小孩做到最好，但是他們無法教小孩談一場快樂的戀愛，有多少人從小就學會愛人、愛朋友、愛親人。愛，無法解釋，也無法量化，但是可以感受、由心發出。愛最簡單的原理是：不傷害他人，也不傷害自己。

有個朋友對我說：他和一個女孩分手了，而她自殺了，他並不曉得她會這樣做，他以為她跟他是同樣的人，他們都不是認真看待愛情的人。

女孩死了，他很悔恨，因爲他發現他也是深愛她的，只是因爲不成熟的態度，傷害了彼此。

吳淡如的弟弟吳育恆在愛情中受創、自殺，從高樓跳下死了。愛情有讓人跳樓的勇氣，卻沒讓人有繼續活下去的勇氣。是愛的太勇敢，還是太脆弱？

死，是對愛的一種報復行爲，是給對方最後通牒的訊息，但是當愛已遠去，死只是對活著的人的傷害。

有些人，不再會爲你心疼，有些人會爲你一輩子難過。

愛情並不是生命的全部，人生有其他情感。

在愛情的世界中，有時是上帝開的玩笑，因爲每個人一生可能都在錯過愛情，也在遇見愛情，被傷害的同時，也會傷害人。

愛情的權利是你可以選擇，愛有無限度的自由，但是他人也有不接受的自由。愛情的天空是開放的，但不代表人人能得到。

有時候愛情是一種自私，是一廂情願，在這世上能遇到心靈契合的人是一種運氣，有時候所遇非人，或是妳不愛他、或是他不愛妳，這些事原本就不確定。

《冷語錄》妳有可能贏得全世界，但妳無法贏得一顆不會愛妳的心。

愈背叛愈快樂

快樂女人修煉班

走在路上到處都是愛偷情的男人，妳只是不幸挑了一個，
而碰巧那個還是妳的男人。

女：「為什麼你要背叛我？」

男：「為什麼我不背叛妳？」

女：「我以為你還想要我們在一起。」

男：「這並不會影響我們的感情。」

女：「你不覺得你很自私嗎？」

男：「認識妳之前，我就是這樣，妳不早就接受這樣的我。」

女：「我以為我可以改變你。」

男：「我一度也曾想過改變，但不知怎地，我就是會……愈背叛愈快樂。」

女：「男人都是喜歡偷情的……為什麼？」

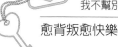
愛情診斷室

得不到的總是比較珍貴，愈在身旁的人愈是容易忽略，這是人性。

人對遠方的事物總有莫名的渴望，而對自己口袋裡的金幣，卻可能很少會注意到，遠方的財富似乎總在誘惑著人離開原地去追求。

「妻不如妾，妾不如偷」講的是一般男人的心聲，所以有很專注、專情的男人出現，總是會被當作稀有動物般的珍貴看待。

當男人開始徹夜不歸，身上有酒味時，也許只是一個徵兆，但是當他看待妳愈來愈輕忽時，可就不只是一個徵兆，也許是妳們之間有第三者的闖入。

有些男人對偷情是很熟練的，不會被發覺，女人的多疑或許也來自於這，當她們身旁的人無法給予她們安全感的時候，她們開始變成好奇的貓，一一盤問男人的行蹤，男人不要覺得女人囉唆，這只是她們對現實無奈的抗議。

有什麼方法能防止男人偷情？女人也能如法炮製的去偷情嗎？

當妳發現妳的男友胡亂偷情，妳也想學他時，請不要胡亂的學，因為這是危險的，現在愛滋病流行，妳發現男友亂偷情，應先隔離他，然後再問自己愛他有幾分，如果妳已不愛他，就沒有偷情的需要，如果妳還愛他，就不要隨便偷情，讓感情的裂痕更加大。

他的身體去偷情，他的心也許還在妳身上，也許感情還不到歸途，如果他不止身體去偷情，連心也被偷走，那就揮手再見吧！

走在路上到處都是愛偷情的男人，妳只是不幸挑了一個，而碰巧那個還是妳的男人。

《冷語錄》愛偷情的男人，請記得隨身攜需帶保險套，以免遺害他人。注意衛生，是身體保健的第一步。

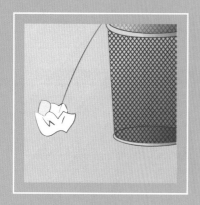

情話？謊話！

快樂女人修煉班
第三堂 ●●●●▶

男人想盡辦法說情話

拐女人上床

不管是多天大的謊言

也能臉不紅、氣不喘的說出

女人耳根子軟

禁不起誘惑

當有一天發現是美麗的謊言時

賞他兩巴掌

男人還嘻皮笑臉

情話？謊話！

別中了男人的圈套

你很在乎我是不是處女嗎

快樂女人修煉班

處女，是珍貴的；
但當處男，卻可能被嘲笑。

男：「告訴我，我是妳第一個男人嗎？」

女：「你是我第一個真心愛上的男人。」

男：「所以我並不是妳的第一次對不對？」

女：「如果我們早一點認識，如果我知道我會遇見你⋯⋯」

男：「妳知不知道妳讓我很失望？」

女：「你是第一次嗎？」

男：「我是不是，不是重點。」

愛情診斷室

男人都會在乎女人是不是第一次，卻沒有管到自己的第一次已經失去多久了。

女人為了滿足男人對處女的渴望，動手術、偽裝落紅、會痛、騎腳踏車、爬樹、爬山、運動⋯⋯各種理由都有，但通常男人還是很難相信，既然如此，女人又何必沒事找事做，想了這麼多理由，來煩自己。

答案是：因為男人重視。

男人在這件事上，不用同樣的標準要求自己，卻有處女崇拜情結。

處女，是珍貴的；但當處男，卻可能被嘲笑。

是女人要打破處女情節的迷思，還是男人要要求自己的老婆是處女，自己就不要在外面亂來，以免害別的男人的老婆不是處女。

其實不止身體的第一次很重要，心靈的第一次也很重要，第一次懂得

真愛，第一次懂得珍惜與相愛的人在一起，第一次感覺滿足與喜悅，第一次給對方、給自己幸福的感覺。

有太多事都比身體上的第一次還要來的重要，有時不要太過注重感官。

女人告訴男人最珍貴的一句話應是：「你不是我的第一次，但你會是我最後一次愛上的情人。」

在經歷種種感情創傷，她把你當作感情最後停靠的港灣，想和你共度未來。這是她必須下多大決心和勇氣的事。

如果兩人之間已有問題，性不能解決問題。

如果想要用性套牢一個人，那常會失望。

不給，不是不愛，而是在乎，只是男人很少明白這一層道理。

《冷語錄》當最後一個，有時比當第一個還來的珍貴。

最近我很忙

愛情是相互的取悅，
而不是單方的行為。

女：「你最近好忙，所以都沒空和我講話對不對？」

男：「有很多事要處理，所以……很抱歉。」

女：「為什麼都是我等你？你知道你讓我等了多久嗎？」

男：「我知道，但這也是沒辦法的事。」

女：「你一直在取消我們的約會，一直在讓我等，你有沒有想過，我也很忙呀！」

男：「因為我比較忙，所以妳配合我，這有什麼不對？」

女：「我們在同一個公司，我是你的上司，是我比較忙才對吧？」

男：「妳在公司就喜歡拿職銜來壓我，出來也是這樣，我們的交往讓我覺得壓力很重。」

女：「是你喜歡說我比較忙這句話的，你不看重我們的愛情。」

男：「我比較忙，還不都因為我愛妳，因為我不想落後給妳，妳讓我感到驕傲，同樣的我也想讓妳為我感到驕傲。」

女：「就算這是你遲到的藉口，也很動聽。」

愛情診斷室

女人總是會輕易的原諒她還深愛的男人。

男人可以比女人忙，忙到忘記約會，這是他們身為男性的權利，但女人很少同時享有這樣的權利，男女是不平等的，在先天、後天都是如此，女人要爭取自己的平等權利是需要努力的。

當個比男人還強的女人，如果讓妳們的愛情岌岌可危，要妳在男友和妳之間做出一個選擇，這時妳要睜大雙眼，在妳面前的這個男人夠不夠資格，讓妳放棄一切。

愛情和工作孰者為重，妳可以評估，但無須為了愛情連自己都失去，如果為了保住愛情，而停止住自己前進的動力，有一天當妳失去愛情時，妳會問自己：值得嗎？

當個讓男人驕傲的女人，比當個讓他一手掌握的女人還重要。

有一天當妳的男人也能以妳工作的成就為榮的時候，那他是個懂得欣賞妳的男人，也才值得妳的付出。

很多女人因為不想比她的男人強，所以刻意的壓抑自己，為的就是想讓她的男友感到高興。

愛情是相互的取悅，而不是單方的行為。

妳想討好他，所以不讓自己超越他，明知自己有這個能耐，卻為了成全愛情而犧牲。

這不是偉大，這是欺瞞。

妳欺瞞自己，得到愛情又如何？

妳無法活出自我，還有資格愛人嗎？

《冷語錄》女人要當男人背後的女人，不如當讓他無法一手掌握的女人。

你知道今天是什麼日子嗎

快樂女人修煉班

女人是喜歡被照顧的，也喜歡被呵護，
所以溫柔的男人，會受到歡迎。

女：「你知道今天是什麼日子嗎？」

男：「妳的生日？」

女：「不對，我的生日和你相差三個月又零六天。」

男：「那是我們戀情的紀念日。」

女：「不對，我們是在國慶日認識的，而現在離國慶日還有六個月又十日。」

男：「今天是……我知道今天是四月一日愚人節。」

女：「今天是四月一日愚人節，可是我要你猜的不是這個。」

男：「我想不出來了。」

女：「今天是我媽生日。你不重視我媽，也不重視我，我就知道你一點都不關心我。」

男：「我是不是連妳家小狗的生日都要記得？」

女：「你忘記了？！」

愛情診斷室

看了上面的對話，或許男人會問爲什麼女人要那麼吹毛求疵？

其實女人只想證明她在你心目中的份量，所以常常只要送個小禮物、講幾句動聽的話語，就能打動女人的心，因爲她非常重視你的心意。

女人是喜歡被照顧的，也喜歡被呵護，所以溫柔的男人，是會受到歡迎。

如果你長的醜，溫柔一點，對你要追求的人，或許還有希望。

如果你長的俊，溫柔一點，會讓身爲你女朋友的她，感到很幸福。

這年頭要找到俊又溫柔的男人並不多，不是已經有女朋友，就是不夠溫柔，所以女人還是多照顧自己一點。

在象牙塔內的公主，有時還是要走出塔內，面對外頭的世界。

現在這個時代，不是所有王子都喜歡呵護公主，有時王子也希望公主呵護他。

男人有時比女人更需要被照顧。

女人不要只想著要男人記憶妳所有的一切，偶而也問問自己，記得他的生日嗎？記得最初他讓妳的感動嗎？

妳要對方怎麼對待妳，先得同樣要求自己那樣對待對方。如果妳做不到，又怎麼可以無理取鬧要對方做到。

不過女人有時是滿無理取鬧的，因爲她們想藉由某些事，肯定自己在對方心目中的地位。

《冷語錄》懂得記憶的男人，比較不會將老婆和情人的生日弄錯。容易健忘的男人，嘴裡喊著寶寶，心裡不知道在想誰？

朋友的朋友

快樂女人修煉班

或許沒有人在一開始就想要背叛，
但許多情境卻讓人無法控制，離開自己所能掌握。

男：「我不知道妳為什麼要背叛我？一個是我的戀人，一個是我最要好的朋友。」

女：「我……」

男：「我看見你們睡在一起，卻還要裝作沒看見，帶上門。」

女：「我……」

男：「你們怎麼可以這樣做？你們把我放在哪裡。」

女：「我……」

男：「我對妳實在太失望了！」

女：「我……你明知我喜歡的就是你這種典型，而他也很像你，為什麼你還要介紹我認識他？」

男：「我不知道事情會變成這樣。」

女：「當你不在時，就是他陪我的。他說他跟你一樣，都喜歡我這種型的女孩子。」

愛情診斷室

因為品味一樣，因為個性相投，所以你交的朋友是可以分享的朋友，好朋友是可以分享秘密的，所以或許你會帶你的女朋友，見你的好朋友，但這卻是危險的開始。

或許沒有人在一開始就想要背叛，但許多情境卻讓人無法控制，離開自己所能掌握。

如果因為個性相投而喜歡上同一個女孩，那也不意外，所以事情要預防，甚過病後治療，因為有時再治療也回不到最初的原樣。

我們要信任人，但是愛情是自私的，而且很難論及信不信任，愛上了就是愛上了。

並不是說要時時當心防範身旁的人，對自己的情人也該信任，只是有些愛情原本是意外的。

曾有朋友告訴我，他們一群人到一間別墅開PARTY，在半夜他起床後，發現自己的女朋友不在身旁，於是他起身開始一間間房尋找，最後卻

赫然被他發現，他的女朋友，在他最要好朋友的房內，兩人是光溜溜地抱在一起。

他很明白發生什麼事，但他也只是默默地走開，並帶上了門。

為什麼他要這樣做，因為他太愛那個女孩了？

他知道揭穿一切，可能只是失去，所以他選擇逃避。

愛情的最後可能面對的是令人無法閃躲的難堪，你成全的不是愛情，而是無奈。

說服自己原諒對方，只是更加肯定無法面對失去。

愛的深、傷的重。

如果你連責怪的權利都沒有，那你只是在說服自己因為我愛妳，所以我包容妳。

愈包容你的情人，她是愈會得寸進尺，有一天甚至不將你放在眼底。

不生氣只是縱容背叛一再發生。

《冷語錄》當心敵人就在你身邊，防止引狼入室，小心匪諜就在你身邊！

你會不會看輕我

快樂女人修煉班

男人對自己和對他的女人有不同的道德價值觀，
這是不公平的，無可奈何的不公平。

女：「我和你睡過了，你會不會看輕我？」

男：「不會。因為妳的第一個男人是我。」

女：「可是⋯⋯有一件事我不知該不該對你坦承。」

男：「什麼事？我不希望我們之間有秘密，妳誠實的告訴我。」

女：「你不是⋯⋯第一個。」

男：「那落紅？」

女：「是⋯⋯現代科技的幫忙。」

男：「為什麼要告訴我？」

女：「我不想欺騙你。」

男：「我寧願妳騙我。」

女：「我不知道你這麼的在意。」

男：「如果我不在意，妳幹嘛去動手術，妳是為了別的男人嗎？也許是，也許妳
已經不曉得動過幾次手術。」

愛情診斷室

女人有時很笨，明知她的男人介意某些事，且為了愛他，她也做了改變，但是可能因為內心愧疚，卻守不了口裡的秘密，終究將話說了出來。

男人對自己和對他的女人有不同的道德價值觀，這是不公平的，無可奈何的不公平。

誠實是美德，但在某些情況下就不是如此。

有些事不說，並不代表欺騙，反而是愛的一種表現。愛人，不必做到將自己的心肝剖開給對方看吧！

每個人都會有些不想被他人知道的秘密，而有些秘密是具有傷害性的。

既然明知道自己可能會受傷，而別人可能也會受傷，那就不要說出來。

第一次重要嗎？有些女人後悔自己的第一次給錯人，因為她沒有遇見

會珍惜她的那個人，因為那經驗並不美好，但無論如何總是第一次。

再多的酸甜苦澀都是第一次！

現代人的愛太氾濫，性也太氾濫，不要用太崇高的標準要求你的情人，如果你自己不是處男的話，你有什麼資格要求你的情人是處女。

你愛的是她的人，而不是那一張薄膜。

《冷語錄》男人會要求他的妻子是處女，卻不管自己的荒唐行徑。檢驗男人的貞操，看他的眼神。

唇印攻防戰

男人有時可能不解為何女人對一個唇印，
或是一根頭髮那麼敏感。

女：「在你領口留下的口紅印，不是我的，那是誰的？」

男：「應酬時不小心被弄到。」

女：「前兩天我還在你的脖子上看見一個類似吻痕的痕跡，是怎麼一回事？」

男：「我被蚊子咬到。」

女：「我們睡在同一個房間，為什麼蚊子咬你，不咬我？」

男：「我怎麼知道。」

女：「前兩天我接到一個電話，說看見你和一個女人在逛街，這是怎麼回事？是
真的嗎？」

男：「我不知道是誰要陷害我。」

女：「情人節晚上我們要一起吃飯嗎？」

男：「我還有應酬。」

女：「晚上十二點以後呢？」

男：「我怕我趕不回來。」

愛情診斷室

男人有時可能不解爲何女人對一個唇印，或是一根頭髮那麼敏感。

因爲她們擔憂那是別的女人侵佔她們領地的證明。

事實上，男人最難防的就是當他們出軌時，留在他們身上的香水味，或是襯衫上的口紅印。

因爲那可能是另一個女人想要佔有他的證明，她其實不是要給他看，而是要給他的妻子，或是女朋友看見。

所以有時男人的皮包裡出現莫名的東西，只要是關於女人的，女人就要提高警覺。

女人對女人是很敏感的！

不要讓女人抓到把柄，不然她們的追根究柢，會讓你無所遁逃。

《冷語錄》妳的男人如果愛到處吃口紅，記得在妳的口紅上加點砒霜。

快樂女人修煉班

當愛已成習慣

女人的付出換來歲月的憔悴，
卻換不來男人的感激。

女：「我們的愛成為一種習慣了嗎？」

男：「沒有，為何妳會這樣想？」

女：「我覺得你愈來愈不重視我們的約會。」

男：「為什麼妳有這種感覺？」

女：「你的穿著愈來愈隨便。」

男：「那是我想給我們約會製造一種不拘束的氣氛。」

女：「以前，我們每次約會你都會送我一束玫瑰，後來是一朵玫瑰，但現在你連
　　一朵玫瑰都沒送我了。」

男：「那是因為我想存下錢做我們的結婚基金。」

女：「以前再忙，每晚你都會打一通電話給我，後來變成三天，現在是一個禮
　　拜，而且還是我打給你的。」

男：「因為我的工作忙，我在為我們的未來打拼，因為我要妳為我生一打小孩，
　　好組成棒球隊呀！」

女：「死相，你別工作太累哦！」

男：「我知道了。」

愛情診斷室

很多男人都說他的奮鬥是爲了兩人的將來，卻很少會去問，女人內心想要的是什麼？

有些女人不希望自己的丈夫一天到頭的忙，但又無奈，必須配合老公的生活。

當政治家的妻子很辛苦，丈夫出來選舉要幫他站臺，又要出來幫他塑造他是個好爸爸的形象，但他可能已經三個月沒有看過孩子的睡臉了。

當醫生的妻子也很辛苦，丈夫的薪水高，過的生活水準也高，但丈夫卻好像是別人的，丈夫在醫院的時間比家裡多，家只成了睡覺休息的地方。

其實不管各行各業，只要是推動男人背後的那一雙手都很辛苦。

女人的青春埋在家庭、孩子、丈夫，但是作丈夫的又常愛搞外遇，前行政院長張俊雄先生，他的外遇最難

過的就是他的妻子。

　　原本他的妻子應以丈夫的成就為榮，但是她也只能默默承受他給她的羞辱。

　　男人在偷腥時，應想想妻子的心情，偷一次腥，後患無窮。

　　慘的是，當他們上旅館和人開房間，常會忘記和自己努力工作打拼的老婆。

　　女人的付出換來歲月的憔悴，卻換不來男人的感激。

《冷語錄》「為了我們的將來」──當心男人說這句話時，是為了他和另一個女人的將來。

爲什麼我離不開你

快樂女人修煉班

分手，不是感情的唯一選擇，
但該到做決定時，還是必須勇敢。

女：「我覺得你已經不愛我了，為什麼我仍離不開你？」

男：「妳的心中仍對我有眷戀。」

女：「我覺得我們的愛情繼續下去，也只是彼此折磨。」

男：「為了妳，我可以改。」

女：「這句話對你來說就像吃便當一樣對不對？我還是會聽你的話，每一次我都
　　以為我們之間還有希望，但每一次你都讓我失望。」

男：「我不會再讓妳失望的。」

女：「你只是想留我在你的身邊，面對你給我的打擊，我傷害不了你，你卻可以
　　一再傷害我。」

男：「再原諒我一次，給我一次機會。」

女：「有人曾說：不能原諒打妳的男人，為什麼我卻一再原諒你？」

愛情診斷室

人有時很可悲，當不再愛一個人時，卻還會因爲各種原因和對方繼續在一起，這何嘗不是種折磨呢？

寫小說可以換，當有更好的靈感就換，雖然會覺得可惜，但是仍然會換，但是情人難換，因爲習慣了！

習慣他對妳的好，習慣他對妳的壞，有些女人在愛情中是折磨自己的，明知對方不愛自己，仍一味付出；明知對方會傷害自己，卻還是和他在一起。

妳下定不了決心換情人，只能繼續被傷害，心裡痛苦。

原諒男人的理由很多，若有一次能選擇離開他，也許妳會過的比現在還幸福。

但也或許有一天妳會發現，還是不換的好，只是沒換過，又怎知是換

的好，還是不換的好。

　　人都是到忍無可忍，才會下定決心離開。

　　分手，不是感情的唯一選擇，但該到做決定時，還是必須勇敢。

　　傷害自己最深的，有時不是他人，而是自己。

《冷語錄》因誤會而相遇，因瞭解而分開，因矛盾而相愛。

我們會受到懲罰

台灣社會對窺探他人隱私似乎特別有興趣，
但愛情是兩人之間的事，旁人實在無權多加置喙。

女：「我們會受到懲罰的，因為我不該喜歡你，更不該和你相愛。」

男：「我愛的人是妳，我不在乎別人怎麼想，我只想和妳在一起。」

女：「她比我先認識你，你已經有她了，她是你的未婚妻，我實在不應該介入你
　　們之間。」

男：「很多事是無法預料的，正如我無法預料自己會再次遇見妳。」

女：「如果你知道我會出現，你就不會和她在一起嗎？」

男：「我不知道。」

女：「你會放棄我，還是放棄她？」

男：「我不知道。」

愛情診斷室

在「藍色生死戀」中，恩熙對俊熙說：「我現在赦免你的罪。」

愛情是一種原罪嗎？

因為被懲罰所以才會去愛人，這是上天原本的旨意嗎？

在愛中若有罪，也只是因為學習的過程錯了，或是付出極大的代價，才學習到什麼叫做「愛」。

愛情中的年齡、先後次序、道德，甚至包括性別，都是可以被推翻的。

之前有一則新聞，十八歲的男孩愛上五十一歲的婦女，在社會上經過大眾媒體的渲染，他們的戀情一夜之間，全台知曉。

台灣社會對窺探他人隱私似乎特別有興趣，但愛情是兩人之間的事，旁人實在無權多加置喙。

愈是遭受到反對的愛情，愛情的力量會益加堅強，旁人的阻撓，反倒變成他們感情發展的動力。

不被祝福的愛情，甚至被詛咒的愛情，反而愛的愈深刻。

沒有人能評論愛情的對錯，是痛、是苦，都由當事人承擔。

人的生命只有一回，勇敢的愛，比退縮來的好。

《冷語錄》愛情若是一種懲罰，愛上永不會愛上自己的人，是最嚴酷的懲罰。

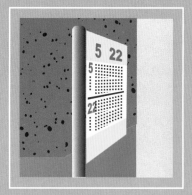
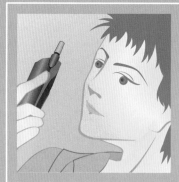

情人心，海底針

快樂女人修煉班
第四堂 ●●●●▶

猜一猜
你白襯衫上的口紅印
是誰留下的
猜一猜
你為什麼要改變習慣
噴香水
猜一猜
我要等你背叛我
還是我先背叛你
別再猜了
我現在就要換新情人

你真的愛我嗎

快樂女人修煉班

當個有自信的女人，
比當一個質疑的女人可愛。

女：「你愛我嗎？」

男：「愛。」

女：「你真的愛我嗎？」

男：「愛。」

女：「我變醜了，你也會愛我嗎？」

男：「愛。」

女：「我變老了，不再年輕，你也會愛我嗎？」

男：「愛。」

女：「我覺得你在敷衍我。」

男：「從我們交往妳已經問了一萬九千次的『愛我嗎』？」

女：「你的語氣開始對我不耐煩，說！你是不是認識別的女人了。」

愛情診斷室

男人可能不懂為什麼女人那麼愛問，愛我嗎？會愛我多久？你會不會變心？你現在跟誰在一起？你為什麼變的這麼不愛說話？我在你心中是不是最重要的人？你有沒有想過我們的未來？為什麼最近你都不主動打電話給我？你是不是開始厭倦我了？我愈來愈感覺不到你在乎我？

其實在愛情關係中，愈在乎對方行蹤的一方，愈表示她處於弱勢，誰愛誰多一點，誰就愈留意對方在幹嘛，因為她對自己的信心並不足夠。

妳挑選的情人愈優質，通常代表他在外面自動送上門的誘惑會愈多，而妳的不安就會加多。有些女人喜歡挑選讓她有安全感的男人，這不是沒有道理的。

愛我嗎？有時只是女人想加深認定自己在對方心目中的地位，愛的愈深，不安就會愈深，因為更害怕失去對方。

男人愛上女人就要心甘情願的懂得耐煩，女人或許天生就是不安的動物，依附在兩性不平等的社會權力關係中，女人若想藉由愛情肯定自己的存在，只會愈加的虛空。

　　與其不時的對情人問愛我嗎？不如告訴自己，不愛我是你的損失，錯過我你會遺憾終生，你不會再遇見第二個比我更適合你的女人。

　　當個有自信的女人，比當一個質疑的女人可愛。

　　愛上一個人，對方值得驕傲，妳也同樣值得驕傲，因為妳有同樣的條件，值得他來愛妳。

　　多愛自己一點，比一直去問對方愛不愛妳來得更實際。

　　多愛自己一點，妳會更美，曾有一個廣告，廣告中的女主角一直在梳妝打扮，廣告的訊息似乎暗示女主角要出去見一個重要的人，但故事的結局卻赫然發現，原來女主角的梳妝打扮是要出去倒垃圾。

　　女人的打扮，有時是要讓自己快樂，和男人無關。

《冷語錄》當男人愛妳時，就算妳像豬，他也會覺得妳很可愛。當男人變心時，就算妳像仙女，他也會對妳沒感覺。

為什麼妳選擇的是他

男人常不懂女人要的是什麼？給的又不是女人想要的，
是男人太傻，還是女人太苛求。

男：「我將來會成為一個醫生，而他頂多是個公司的小職員，我的條件比他好，
　　為什麼妳的選擇是他？」

女：「你的條件得確比他好，他比不上你。不過有一點是你比不上他的。」

男：「哪一點？」

女：「他比你關心我。」

男：「我也很關心妳呀！」

女：「你讓我感受不到，我覺得你比較關心你的股票、工作、車子、房貸、你的
　　存款……。在你的心底，我永遠當不上第一的位置，但是在他的面前，他把
　　我看的比什麼都重要。當我需要他時，他就會出現在我的身邊。」

男：「妳就因為這個理由離開我，妳以後會後悔，因為我能提供給妳的物質生
　　活，一定比那個人好，我現在是在為我們未來做努力，以後妳不會遇上第二
　　個像我這樣的人。」

女：「我並不希望將來住在大房子裡，卻要一直等，等一個忙到三更半夜才回家
　　的人，我也不希望我的老公把我娶回家是當裝飾品。再則有一件事情我也要
　　告訴你，我可以自己賺錢，不需要男人來養我。你可以帶著你的存款去找一
　　個願意默默在你身後守候的女人。」

男：「我究竟做錯了什麼，賺錢不對嗎？」

愛情診斷室

女人踏進禮堂決定要嫁的男人，是不是她今生的最愛？

這個答案可能會滿現實的，女人最愛的男人不一定選擇她，女人選擇的也不一定是最愛的人，而是麵包。雖說真愛無價，但在現實生活中，很多人寧可衣食無虞的過一輩子，而不要浪漫過一生。

在這社會中有太多的價值觀，容易讓人被左右而受影響。父母希望兒女有好歸宿，其他人會用豔羨的眼神看妳嫁給一個不錯的人。大家一切向條件看，財富、名聲都是擇偶條件之一，真愛呢？

「鑽石恆久遠，一顆永留存。」多少人手上所戴一生的戒指，是她的最愛？

有句話貧賤夫妻百事哀，所以女人要睜開雙眼看清楚現實，最愛與物質若不能兼得，認清自己想要的生活

是什麼？想清楚，再做決定。

　　生命只有一回，歲月催人老，而真愛難尋。

　　你要過一輩子的人，應由自己決定，而不是他人插手。

　　男人常不懂女人要的是什麼？給的又不是女人想要的，是男人太傻，還是女人太苛求。

　　其實很多女人要的並不多，也許她們都曾夢想要白馬王子，但在現實生活中，只要你多一點的體貼關懷，也許她們就會覺得很幸福。

　　要抓住女人的心其實並不難，只要你懂得多去傾聽她們的心。

《冷語錄》男人不懂女人為何要離開他，因為他從不去在意她深夜等待背後的淚痕。

你會不會像他一樣

快樂女人修煉班

不該考驗愛情時，不要考驗；不需質疑時，不要質疑。
茫茫的人生中，遇對一個人很難，錯過卻很容易。

男：「雖然我們只認識三天，但我想我要我們在一起。」

女：「你會不會像他一樣。」

男：「絕不會。」

女：「你會不會在我最需要你的時候棄我而去。」

男：「絕不會。」

女：「如果有一天我發生意外……死了，那你會怎樣？」

男：「跟妳一起死。」

女：「我們還沒開始交往，你就開始對我說謊，你以後一定會像他。」

男：「我該怎麼回答，怎麼回答好像都是錯。」

愛情診斷室

女人喜歡聽甜言蜜語甚至是美麗的謊言，但男人可千萬別撒太離譜的謊言，不是每個女人都波大無腦的，當然也不是每個女人都能夠波大有腦。

在熱戀時，情人的蜜語甜言都會被當成是真。但是在感情的最初開始，往往是最脆弱，人與人都難免有猜疑，更何況是情人呢？

女人對男人試探的詢問，無非是求個安心的答案，並不是真的要對方做抉擇。男人要哄女人，其實不難。

但女人有時真的很矛盾，想聽對方的甜言蜜語，又無法信任對方的每一句話。

或許女人都會想，一個喜歡對妳甜言蜜語的男人，他當然也有可能對另一個女人這麼說，而如果時常要對對方的一言一行懷疑的話，那真是很累人的。

談戀愛的基礎就是信任，如果有一天妳不再信任對方，或許就是該考慮感情結束的時候。

相聚時，彼此珍惜；別離時，互

道珍重。

男人怎麼回答都是錯時，不妨考慮沈默，並且附送一個吻，肢體或許可以稍稍彌補言語的不足。

女人如果沒有在心中想好答案，不要輕易的試探男人，因為妳可能會失望。明知會失望，又何必試探？除非妳有把握。但真心愛妳的男人，也不會喜歡妳猜疑的試探。

女人愛試探男人，男人不愛被試探，愛情如果真要不停的試探，那真是累死人的最佳方式。

懲罰一個人，就是將他放在天平上，不停的試、試到妳滿意。只是若妳這麼做，妳可能也會很快的就失去。

不該考驗愛情時，不要考驗；不需質疑時，不要質疑。茫茫的人生中，遇對一個人很難，錯過卻很容易。

《冷語錄》天下烏鴉一般黑，天下男人一般黑；要找白烏鴉，靠運氣，要找好男人靠福氣。

為什麼當時不敢說

快樂女人修煉班

有些人一直在錯過，錯過的原因是因為，
她們鼓不起勇氣說出「我喜歡你」。

女：「從那一天我們離開學校後，已經過了五年，沒想到我們會再見面。」

男：「是呀！真巧。」

女：「其實當年有一句話我一直想對你說，但是我一直說不出口。」

男：「其實那時我也有一句話想對妳說。」

女：「你先說。」

男：「我想對妳說，當時我很喜歡妳。」

女：「我也一樣。」

男：「為什麼當時我們都沒有說？」

女：「為什麼我直到今天才知道，我已經有一個一歲的小孩了，如果我早一點知
道，也許……」

男：「……」

愛情診斷室

　　某年某月某一天，如果讓妳遇見那個當初曾經喜歡過的男孩，也許很多當時說不出口的話，現在妳都敢對他說。

　　也許妳會對他表白，也許很多當時妳不會做的事，現在妳都會做，也許妳們會有機會在一起。

　　但是時間不允許等待，也許他變了，他禿頭，他有啤酒肚，他有白髮，他滿嘴橫肉，他會說粗話，他面目可猙，或許他長的不再是妳當初喜歡的那個人。

　　然而也有可能他依舊風度翩翩，他依舊英俊迷人，他依舊一口白牙，他依舊身材高壯，只是可能他的身邊已經站了另一個她，時間不等待的，永遠是錯過的愛。

　　有些人一直在錯過，而錯過的原因是因為她們鼓不起勇氣說出那一句話。

妳曾有想對某個人說：「我喜歡你」而說不出口的經驗嗎？

不是妳不夠愛他，就是妳太愛自己。

但也許都不是以上兩者答案，而是妳不知道怎麼開口，為什麼開口這麼難？

如果只用眼神就能傳達彼此心意，就能洞澈彼此心裡所想，也許就不會錯過。

言語不夠的，肢體可以代替，也許是我們眼神的暗示不夠。

《冷語錄》告白需要勇氣，國父革命十次才成功，如果妳告白一百次只成功一次，那也值得。

爲什麼你不愛我

在愛情的世界中，最美的是執著，
最令人感到害怕的也是執著。

女：「我對你這麼好，為什麼你不愛我？」

男：「妳對我好，我就要愛妳，那我不知道要愛上多少人了。」

女：「原來有這麼多人喜歡你，所以你根本就不希罕我對不對？」

男：「就算沒有別人，我還是不會愛上妳，因為妳並不是我喜歡的那一型。」

女：「為什麼你講話這麼直接？」

男：「不直接一點，我怕妳聽不懂，妳已經糾纏我很久了。」

女：「我為你付出這麼多，為什麼你不愛我？」

男：「請妳不要對我好，不要對我付出，讓我清靜、清靜。」

女：「沒有人能阻止我對你好，就像沒有人能阻止我愛你。」

男：「可不可以請妳不要繼續出現在我面前！」

愛情診斷室

在愛情的世界中，最美的是執著，最令人感到害怕的也是執著。

人有時很奇怪，會執著的愛一個，這一輩子也不會愛妳的人，這到底是愛對方，還是害對方，為妳背負耽誤妳的青春之罪。

每個人的生命像是缺了一半的圓，每個人都在尋找那缺了一半的圓，有些人幸運尋找到，有些人仍在尋尋覓覓，有些人可能一生都無法尋找的到。

能抱持著「得之，我幸；不得，我命」想法的人，生命較能海闊天空，但很多時候人會將自己困在一個框架裡，自己不放自己自由。

愛上一個不會愛妳的人，除了祝福他，還能怎麼做？妳留再多的淚，他也不會為妳感到心疼。

我愛、我幸、我喜、我悲，愛情的酸甜苦辣都要自己嚐，沒人能幫妳走出自己情愛的迷宮。

　　如果妳不幸愛上一個不愛妳的
人，放他自由，也放自己自由。

　　妳若將自己困在黑暗的地穴中，
是無法看見光明的。

　　愛是雙面刃，割傷對方時，同時
會弄傷自己。

《冷語錄》不是妳的，不會變成妳的，是妳的，也可能變成別人的。愛情有時只是一場誤會一場夢。

喜歡的典型

快樂女人修煉班

理想歸理想、現實歸現實、夢幻歸夢幻，
要分得清三者，不然妳會一直失望。

男：「可以告訴我妳喜歡的男孩子典型嗎？」

女：「身高一八〇、智商一五〇，體重在八十公斤以下，工作在滿分一百分的公司。」

男：「看樣子我不符合妳的標準，我不高、也不聰明，又只在一間差不多的公司上班。」

女：「你真的不是我喜歡的那一種典型，不過我願意為了你修正我的標準。」

男：「什麼時候我開始讓妳有這種感覺？」

女：「從我愈來愈在乎你的存在之後，我發覺我愈來愈喜歡和你在一起的感覺，雖然你一點都不像是我的白馬王子。」

男：「我會努力，只是我的身高再怎麼努力也沒有用，這一點可能要委屈妳了。」

女：「我對長頸鹿沒有興趣，偶爾河馬也很可愛呀！」

愛情診斷室

愛作夢的童話少女很多，所以如果出現在現實裡的理想情人，不像自己想的那樣都會失望。

因為喜歡，所以不知不覺就修正理想情人的模樣，直到愈來愈符合他。

妳會發現當自己的理想情人，遇上會讓自己動心的男人那一刻起，妳一直在調整。

這不應該叫做降低標準，而是在遇見他之前，妳並不知道自己要的是什麼，然後遇見他之後，妳開始慢慢地瞭解了。

在他身上會有某些特質吸引妳，而這可能是妳自己所欠缺的。

理想歸理想、現實歸現實、夢幻歸夢幻，要分得清三者，不然妳會一直失望。

曾經妳以為要讓妳動心的男孩一定要有文學的才華，這是最基本的，但是後來妳遇見一個只懂電腦的男孩，看著他對電腦執著的模樣，妳動心了。

妳要因此改變、修正自己喜歡的標準嗎？

重點是在人的身上，而不是那個標準。

每個人都有理想情人的典型在心中，每個人都不一定會遇見，遇見了會懂得把握的人更少。

愛一個妳想愛的人，而不是愛妳心中的形象。

《冷語錄》輕易就動心的人，容易濫情；輕易就承諾的人，容易多情；輕易就再見的人，容易無情。

快樂女人修煉班

我只是想知道你在哪

愛一個認真的男人，
也給他足夠的空間和時間做他愛做的事。

男：「一天十二通電話找我，而且都是無關緊要的小事，妳不覺得很誇張嗎？」

女：「我只想知道你的行蹤，你不希望我打電話給你嗎？」

男：「妳打擾到我的工作。」

女：「我並不知道你在工作。」

男：「我工作的時間，妳可不可以不要打電話給我。」

女：「如果我有重要的事找你呢？」

男：「妳可以傳真給我。」

女：「我只是想知道你在哪裡？」

男：「我都在公司裡，妳還懷疑什麼？」

女：「真的嗎？」

男：「要拿著繩子拴在我的脖子上，妳才會放心嗎？」

女：「我只是沒有安全感。」

愛情診斷室

男女感情處於熱戀的時候，一天二十四小時可能都會想要在一起，但在現實的生活中，兩人的世界還有工作、朋友及其他的人際關係。

女人若對男人不放心，會想要隨時用電話遙控對方的行蹤，如果她的男人不介意，那她這樣的舉動，就不會對兩人的情感造成影響，但若是影響到情人正常的生活，甚至成為一種困擾，那就可能對兩人感情帶來不利的影響。

當妳打電話給妳的情人，告訴他妳想他，如果當時他正在接一件大CASE，那他可能沒有空理妳，妳會怪情人的冷淡，但其實這全和妳打電話的時機有關。

如果妳真心愛一個人，會知道他哪段時間很忙，就盡量別挑那一段時間打電話給他。愛他，就不要造成他的負擔，雖然有時候妳真的很想聽他的聲音，但是妳不是他生命的全部，他的生命中還有其他的事情要做。

如果妳想佔有一個男人的全部，讓他的生命除了妳沒有其他，當有一天妳達成這樣的目的時，同時地妳也將失去他。

愛一個認真的男人，也給他足夠的空間和時間做他愛做的事。

男人的成就，有時來自女人的寬容，女人要能夠寬容當妳需要他時他無法在妳的身旁陪伴妳這件事。

愈有成就的男人，愈需要女人的寬容！

當個忙碌男人背後的女人，妳會愈來愈覺得無聊，但是這是需要被忍受的。

妳希望他有成就，就同時要包容他帶給妳的寂寞。

《冷語錄》男人對女人說我愛妳，比不上送她求婚的鑽石戒指有安全感。

為什麼要在意我之前的女朋友

快樂女人修煉班

女人想得到的是百分之百肯定，
還有現在、未來的承諾。

女：「在我之前，你交過多少女朋友？」

男：「為什麼妳要在意我之前交過多少女朋友？」

女：「我只是想瞭解一下。」

男：「我現在只有妳一個女人，不是最重要的嗎？」

女：「為什麼你不對我坦白？」

男：「我怕妳會翻舊帳。」

女：「我不是那種女人。」

男：「好！我告訴妳，我的初戀是在高中，對象是我的同班同學，後來我到不同
的地方唸書，因為距離的關係，我們分手。第二個女朋友是我大學時交往
的，她是我同學的妹妹，我到他家時不小心把上的，後來因為她畢業出國，
我們分手。出了社會我交了第三個女朋友，她是我上司的女兒，因為我受不
了她的氣焰，所以我們分手。現在我交往的對象就是妳了。」

女：「說！昨天那通我接到女人聲音的電話是你哪一任女朋友的？」

男：「妳不是說妳不會翻舊帳？」

愛情診斷室

女人喜歡翻男人的舊情書、舊照片，甚至是舊情人。

她們總想從蛛絲馬跡得到更多男人從前還沒遇見她時的情史，或許在她們內心也害怕他會不會舊情復燃？

男人總是認為女人的擔心多餘，因為他都已經決定和她在一起，但是女人想得到的是百分之百肯定，還有現在、未來的承諾。

為什麼人不能容許他人同時愛上兩個人，卻可接受自己同時有兩個喜歡的對象？

也許因為我們對他人嚴厲，對自己寬容。

如果我們對自己百分百自信，對他人百分之百信任，他人的歷史對自己真的這麼重要嗎？

重要的是，自己不要將來變成他的歷史。

《冷語錄》不要讓你的情人知道你的情史，過去就讓它過去，再提起多傷心。

愛上妳，也等於失去自由

快樂女人修煉班

每個人或許都會在愛情中感嘆它的不自由，
但又同時渴望談戀愛時的甜蜜。

男：「愛上妳我愈來愈覺得不自由。」

女：「我並沒有要求你為我改變什麼？」

男：「真的沒有嗎？」

女：「我有嗎？」

男：「那為什麼我多看幾眼穿迷你裙的女人，妳就開始對我生氣？」

女：「我就在你的身邊，你幹嘛還看別的女人？」

男：「我們剛開始認識的時候，妳並不是這樣的。」

女：「我覺得你根本不想要跟我在一起。」

男：「我想要跟妳在一起。」

女：「那為什麼你還要看別的女人？」

男：「愛上妳，我好像失去欣賞別的女人的機會。」

女：「當初愛上我之前，你就該想清楚。」

男：「愛情這回事，想清楚，就不會跳入，失去寶貴的自由。」

女：「你開始後悔愛上我了是嗎？」

男：「不敢、不敢，我可不想今晚睡地板。」

女：「我就知道你開始後悔了。」

男：「……」

愛情診斷室

愛情原本就是一種自由的約束，約束你不要再和其他人交往，約束你的時間要和我分享，約束你無法再像一個人時那樣。

每個人或許都會在愛情中感嘆它的不自由，但又同時渴望談戀愛時的甜蜜。

如果對方能在自己想要他出現時才出現，那該有多好。所以常常出現，不如出現的巧。

其實保持距離和神秘感的戀愛最美。太過密切的接近，有時反而造成摩擦。

有自由是很快樂，被約束自由雖然有點痛苦，但是一個人看星星的快樂，和兩個人一起看星星的快樂是不一樣的。

你希望快樂有人分享，感情有人分享，就不要耿耿於懷你的不自由。

你失去部分的自由，但會得到更

多的快樂。

如果你為了找回失去的自由，而要放棄你的愛情，這也證明在你心中最愛的是自由，她還不值得和你分享生命中珍貴的事物。

也或許你認為女人不可理喻，所以情願放棄。女人對男人的自由不可理喻，源於男人讓她缺乏安全感。

現在有一種遊戲，女人可以上網養男人，也許妳在現實中有一個情人，在虛擬的世界中也有一個，虛擬世界的那一個較不會為自由高喊不停，但妳愛的、有感覺的卻總是現實的那一個。

多留給妳的情人一點空間，也就是為妳們的愛情多留一點時間。

《冷語錄》你用金錢買不到青春，你用金錢買不到自由，你用金錢買不到真心，你用金錢買不到真愛。

不幸福日記Unhappy Dairy

愛，懺悔白皮書

　　總以為不愛了、不想了，心就不會再痛。

　　總想找藉口原諒你冷漠的對待，因為心中還有愛。

　　總想找機會靠近你，以為這樣我們就有機會在一起。

　　如果一切都只是我的自作多情，為何你還要對我微笑？

　　為何我寧願愛一個會讓我感到痛苦的人，而不願愛一個會讓我感到幸福的人。

　　我目光總是追隨你的背影，愈來愈在意你的存在，因為你，我覺得快樂是唾手可得的笑容。

　　認識你之前，我不懂什麼叫愛，而你教會我愛，也同時教會我愛情中的痛苦。

　　愈愛你，愈讓我感到寂寞，因為我只對和你相關的事物感到興趣。

　　有你出現的地方，我才會感覺到幸福的滋味。

　　不管你有意或無意的舉動，都會深深地停留在我的記憶中，像是情人節你送我的單支紅玫瑰、到海邊撿拾

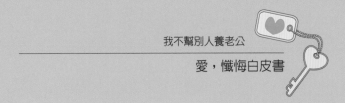

的藍色貝殼。

我似乎愈來愈不可自拔，單憑你的眼神、你的笑容就讓我愈陷愈深。

因為喜歡上你，所以去研究你喜歡的事物，看你喜歡看的書，穿你喜歡穿的品牌服飾，用你愛用的牙膏，在你散過步的路上走著，我去調查所有你喜歡的事物，一切只為靠近你。

我的愛太過一廂情願，用四年的時間去喜歡一個不該喜歡的人，是很傻的事，即使到後來我們是最要好的朋友。

因為重視我們的友情，所以我不開口，我們似乎有一種默契，是永遠的好朋友。

只能當朋友的人，是無法變成情侶的，慢慢地我發現，是你在我身旁陪我走過許多的路，當我不開心，在我身旁逗我笑的是你；當我遇到挫折鼓勵我的是你；當我失戀，是你安慰我。其實我只是談一次不成熟的戀愛，我以為我可以愛上別人，但是我並不行，即使你安慰我許多，但是你仍不知道，我們分手的原因是—在我

心底深處還喜歡你。

你喜歡我嗎？

我一直想開口問你，但一直問不出口。

相信嗎？有人可以將一句話藏了四年，很傻、很呆、很笨，那個人就是我。

在你心目中，你一直以為我很聰明，其實那只是我的偽裝，因為我知道你喜歡聰明的女孩，而我不想被你討厭。

你當我是知己，所以你的每一椿情史我都知道，甚至比你自己還瞭解，因為我的視線總是無時無刻地追隨你，當你和其他女孩談天說笑的時候，我的心卻是含著淚、默默地注視你們。

常常在一天之中你可以判定我要上天堂，或是下地獄，雖然我並不想為你所控制，但我的情緒總在不知不覺中隨你起伏。

你的溫柔，有時對我是一種殘忍，但我又無法割捨。

愛一個人，愛的很矛盾。

我不想再繼續矛盾，一個人矛盾四年，夠久了，是該停止的時刻了。

這一天，我真的想下定決心告訴你，我喜歡你，反正你也沒有女朋友，而我覺得我還不錯，我想我們可以當朋友，也可以當情人。

我想對你告白，這個秘密，我想公諸於眾。

我好不容易提起勇氣，因為如果再繼續欺騙自己，我想我會瘋了。

我和你相約在ICE STONE COF-FEE SHOP，這是我第一次遇見你的地方，這裡有我們迎新舞會的記憶。

我反覆練習，如何說「喜歡你」這三個字，反反覆覆，我還是結結巴巴，如果你看見我的模樣，你一定不會認為我是聰明的女孩。

我準備在你面前原形畢露，讓你看見我最真的一面。

是什麼讓我突然有勇氣的，也許是梁靜茹的那一首歌「勇氣」吧！

但這晚，你失約了，我難過的哭了一整晚。

你沒有看見我的淚水，你也不知

167

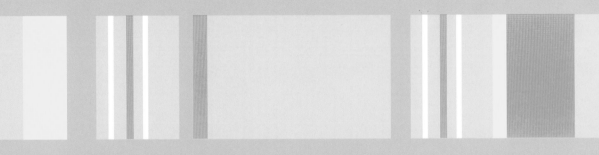

道我有多難過，但是我仍然想要在你
面前強顏歡笑。

可是我等了好幾天，你一直沒有
出現，我把已經練習好的笑容藏回心
底，但我無法再壓抑自己的情緒，我
想見你，只是想見你，因為想念你。

到你家沒看見你，你媽告訴我，
你走了，因為要救一個在馬路上玩球
的小孩，被摩托車撞到，當場死亡。

是真的嗎？

我永遠都看不見你了。

那一刻，我眼中流不出淚，我的

四周一片沈默，我的腦海一片空白。

你媽帶我到你的靈前，看著你的
照片，我口裡喃喃唸著一遍又一遍的
「喜歡你」。

為什麼當我看的到你的時候，說
這句話變得這麼難，而當你不在時，
卻又如此輕易。

是因為我體會到你永遠不會再出
現在我的面前，逗我開心、逗我笑。

是不是可以再給我一次機會？我
後悔等待四年的光陰。

有句話，你永遠都不會聽見，因

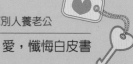

為我說的太遲，而你離開的太快。

　　如果我知道我們的緣分有限，我會早一點鼓起勇氣。

　　看著你相片中的笑容，我知道你又再對我殘忍了。

　　曾經夢想，有一天我們會變戀人，但這已成為永遠的夢想了。

　　當我想你的時候，我的眼淚落在枯萎的玫瑰花瓣上。

　　我真的好喜歡你，雖然你再也聽不見。

　　也許你聽得到，在天堂上。

當百分之百的王子遇見百分之百的公主

幸福亞補站UP!UP!

如果妳不是一百分的公主，妳如何要求妳的王子要到達一百分？

因為彼此都不是完美，所以談一場不完美的戀愛，接受一個不完美的戀人。

我們都在愛中學習，這一生錯過的也許比得到的多。

錯過會覺得可惜，但當下一次機會來臨時，卻同樣沒有把握。

被人喜歡，如果自己也喜歡他，就可能譜出一段戀情，但如果被自己不喜歡的人喜歡，自己內心也會暗自竊喜，這是虛榮心在作崇。

因為喜歡被喜歡的感覺，所以不馬上說出拒絕對方，讓別人對你愈陷愈深，是一種罪過。明知無意，還要

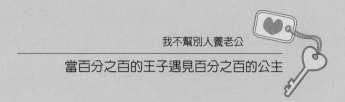

別人往深淵跳，雖然可能是無心之過，但是都宛如劊子手。

　　愛就是愛，不愛就是不愛，有一千種愛的理由，就有一千種不愛的理由，在愛與不愛間，是幸還是不幸很難說。

　　當百分之百的王子遇見百分之百的公主，結局是悲劇還是喜劇，結果是王子可能不喜歡公主，公主可能不喜歡王子，或是他們彼此喜歡，卻因為都是生活白癡而大吵大鬧。

　　童話中百分之百的情人，在現實生活中很難存在。

　　這本書是寫給想追求一百分情人的天下男女必看的書，當妳看妳的情人不完美時，多包容點；當妳發現妳們的愛情有缺陷時，多溝通點；當妳發現要說再見時，多釋懷點。

　　從小我一直夢想有百分之百的王子出現在我的生命裡，但當有一天我發現我不是百分之百的公主時，我開始懂得去接納自己的不完美與他人的不完美。

　　愛情，原就是學習接納彼此。

如果您在感情上有任何疑難雜
症，願意與藍玫分享，歡迎來信寄到
「830鳳山市郵政第9-69號信箱 藍玫 收」
或是E-mail：
bluerosey＠ms62.url.com.tw

感情還是要自己尋找出口，
藍玫不能給您解藥，
只能給您建議。
祝福大家！

106-□□
台北市新生南路三段88號5樓之6

揚智文化事業股份有限公司　　收

□□□-□□
地址：　　市縣　　鄉鎮市區　　路街　段　巷　弄　號　樓
姓名：

Leaves
Publishing

 書號 L3301　　書名 我不幫別人養老公

葉子出版股份有限公司
讀·者·回·函

感謝您購買本公司出版的書籍。
為了更接近讀者的想法，出版您想閱讀的書籍，在此需要勞駕您詳細為我們填寫回函，您的一份心力，將使我們更加努力！！

1.姓名：＿＿＿＿＿＿

2.性別：□男 □女

3.生日／年齡：西元＿＿＿＿年＿＿＿月＿＿＿日＿＿歲

4.教育程度：□高中職以下 □專科及大學 □碩士 □博士以上

5.職業別：□學生□服務業□軍警□公教□資訊□傳播□金融□貿易
　　　　　□製造生產□家管□其他＿＿＿＿＿

6.購書方式／地點名稱：□書店＿＿＿＿□量販店＿＿＿□網路＿＿＿□郵購＿＿＿
　　　　　　　　　　　□書展＿＿＿＿□其他＿＿＿

7.如何得知此出版訊息：□媒體＿＿＿□書訊＿＿＿□書店＿＿＿□其他＿＿＿

8.購買原因：□喜歡作者□對書籍內容感興趣□生活或工作需要□其他

9.書籍編排：□專業水準□賞心悅目□設計普通□有待加強

10.書籍封面：□非常出色□平凡普通□毫不起眼

11. E - mail：＿＿＿＿＿＿＿＿＿＿＿＿＿＿＿＿＿＿＿＿＿＿＿＿

12喜歡哪一類型的書籍：＿＿＿＿＿＿＿＿＿＿＿＿＿＿＿＿＿＿＿＿

13.月收入：□兩萬到三萬□三到四萬□四到五萬□五萬以上□十萬以上

14.您認為本書定價：□過高□適當□便宜

15.希望本公司出版哪方面的書籍：＿＿＿＿＿＿＿＿＿＿＿＿＿＿＿＿

16.本公司企劃的書籍分類裡，有哪些書系是您感到興趣的？

□忘憂草（身心靈）□愛麗絲（流行時尚）□紫薇（愛情）□三色堇（財經）
□ 銀杏（健康）□風信子（旅遊文學）□向日葵（青少年）

17.您的寶貴意見：

＿＿＿＿＿＿＿＿＿＿＿＿＿＿＿＿＿＿＿＿＿＿＿＿＿＿＿＿＿＿＿＿

☆填寫完畢後，可直接寄回（免貼郵票）。
　我們將不定期寄發新書資訊，並優先通知您
　其他優惠活動，再次感謝您！！

Leaves
Publishing

根
以讀者為其根本

莖
用生活來做支撐

葉
引發思考或功用

果
獲取效益或趣味